史说平乡系列丛书

中国平乡

兴固寺

赋平 著

方志出版社

有人说它始建于东汉末年
元朝首辅刘秉忠
参照兴固寺设计元大都
在当地留下了
『先有兴固寺 后有北京城』的说法
也有人说它是皇家寺院
至今还藏有释迦牟尼的佛骨舍利
……

图书在版编目（CIP）数据

中国平乡兴固寺　中国平乡东岳天齐庙 / 赋平著
-- 北京 ：方志出版社，2016.4
（史说平乡系列丛书）
ISBN 978-7-5144-1974-0

Ⅰ.①中… Ⅱ.①赋… Ⅲ.①佛教－寺庙－史料－平乡县②道教－寺庙－史料－平乡县 Ⅳ.①B947.222.4 ②B957.222.4

中国版本图书馆CIP数据核字（2016）第064889号

史说平乡系列丛书

中国平乡兴固寺

著　　者： 赋　平
责任编辑： 冯　松
出 版 人： 冀祥德
出 版 者： 方志出版社
地址　北京市朝阳区潘家园东里9号（国家方志馆4层）
邮编　100021
网址　http://www.fzph.org
发　　行： 方志出版社发行中心
电话（010）67110500
经　　销： 各地新华书店
印　　刷： 河北省地勘局第十一地质大队印刷厂
开　　本： 787×1092　1/16
印　　张： 12
字　　数： 100千字
版　　次： 2016年4月第1版　2016年4月第1次印刷
印　　数： 0001－5000册

ISBN 978－7－5144－1974－0　两册定价：76.00元

[序]

序

在平乡县城东四公里的窦冯马村，座落着一座千年古刹——兴固寺。

有人说它始建于东汉末年，印度神僧佛图澄重建并将该寺发扬光大。相传元朝首辅刘秉忠参照兴固寺设计元大都，在当地留下了“先有兴固寺，后有北京城”的说法。

也有人说它是皇家寺院，乾隆皇帝曾斥资修建舍利殿，殿中雕梁画栋、描金彩绘，至今还藏有释迦牟尼的佛骨舍利。

时过境迁，关于兴固寺，有的我们找到了历史遗迹，有的有文字记载，也有的只剩下老百姓口中代代相传的美丽故事。

它究竟有多少神奇之处，还隐藏了多少不为人知的秘密，让我们一起探寻吧！

[目　录]

目 录

当年的寺院

兴固寺始建于东汉末年，前身为西域高僧所建精舍，后来魏晋神僧佛图澄在此基础上兴建，并由后赵皇帝石勒亲自赐名『兴固寺』。近两千年来，兴固寺历经风雨，迎来高僧大德，送走帝王将相，留下无数让后人景仰的历史事迹。

興固寺

兴固寺复原图

興固寺
檀林施法雨千年般若常明

兴固寺新建山门

佛图澄建寺 石勒帝赐名

说起兴固寺的建寺历史，还要追溯到后赵时期。常言道“道家讲风水，佛家求便利”，佛家古刹，不在名山，就在名城。而兴固寺所在之地，位于大陆泽畔沙丘岸上。此地不但是一处通达十方的繁华都城，更是一处风水宝地，绿柳成荫、碧波荡漾、车来船往，被称为鱼米之乡。

公元312年，羯族人石勒进据襄国

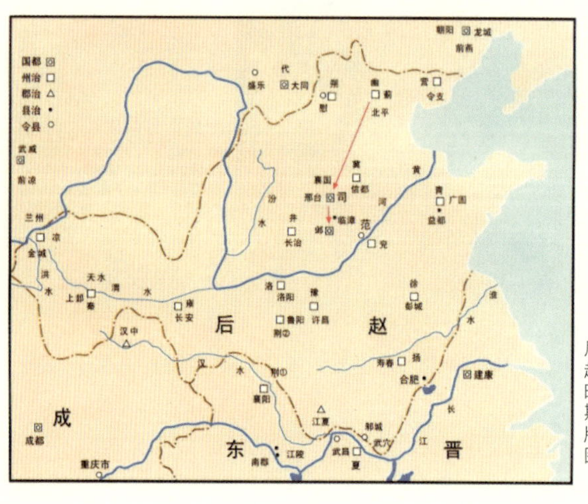

后赵时期版图

城（邢台桥东区历史名称），建立了后赵帝国，定都于襄。佛图澄得知石勒崇尚佛法，便设法通过大将郭黑略引荐，成为石勒的军师。

佛图澄展现出来的文韬武略和神奇法术，让石勒对佛教的教义产生了浓厚的兴趣，便封其为“大和上”，并决定在后赵境内弘扬佛法，推行佛教。一方面为了安抚民心、社会安定，另一方面也期望得到佛祖庇佑，以求江山永固。于是，在石勒的支持下，佛图澄开始在邢州境内挑选建寺之地。

石勒

佛图澄

佛图澄了解到，曾经的钜鹿郡历史悠久、繁荣富庶、商贾云聚，是“天雄

敦煌壁画记载的佛图澄神通

信都之孔道，山左山右之通衢”，自古就是一方要冲，兵家必争之地。在此地建一座寺院，既能够普度众生、弘扬佛法，又能够安抚百姓、稳定民心，正好也符合石勒的心意。

佛图澄选了一处漳河沿岸、官道旁边的精舍，开始兴建佛寺。万事开头难，建设寺院需要占用老百姓的土地，一开始，由于当地百姓对佛教不认同，佛图澄建寺并不是顺风顺水，但佛图澄神通广大，无论遇到什么问题，他都能以佛法圆满化解。久而久之，老百姓由对他的抵触演变成崇拜。

传说佛图澄能够净水生莲、闻铃知事、杯酒灭火、驱龙引水。据说在建寺过程中，一名工匠由于脚下不稳，一下子从高处跌落，正好被佛图澄看到，只见佛图澄大手一挥，那名工匠便像一片羽毛一样，轻飘飘地落在地上，所有工匠都大吃一惊。

还有一次，他见到一名妇人抱着一个刚刚夭折的婴儿，哭哭啼啼地去掩埋，便拦了下来，对妇人说，孩子只是睡着了，接着轻轻吹了一口气，孩子便醒了过来，这妇人千恩万谢地走了。

还有人见到佛图澄在河边洗刷肠胃，只见他选择一处河水清洁的地方，将自己左乳旁边的小孔打开，掏出肠

兴固寺牌匾

胃，一点一点地清洗干净，再将肠胃从小孔放回，最后用棉絮堵上，整个过程一点血都不流，见到的人无不称奇。就这样，佛图澄就像当初征服石勒一样，用佛法和法术取得了当地老百姓的信任和支持。

通过佛图澄传法布道，佛教在邢州境内很快普及开来，后赵百姓人人向善，户户念佛，路不拾遗，夜不闭户，也有不少人为了寻求解脱，皈依了佛门。等到寺院建成开光之际，前来参加开光的善男信女更是人山人海，后赵皇帝石勒亲临开光大典，祈求后赵兴盛繁荣，江山永固，并亲笔题写三个大字：兴固寺。

先有兴固寺　后有北京城

在平乡的民间流传着这样一句话“先有兴固寺，后有北京城”。这种说法是怎么来的呢？这要追溯到七百多年前的元朝。其实北京城是在元大都的基础上兴建起来的，它的原意说的是“先有兴固寺，后有元大都”。

那么，兴固寺与元大都之间又有什么联系呢？历史上的兴固寺以中正为布局，坐北朝南，东西短、南北长，中中正正，呈矩形。最具有特点的是，兴固寺以太阳的子午线确定中轴线，将九龙

興固寺

兴固寺全景图

中华人民共和国万岁

北京故宫全景图

壁、山门、天王殿、大雄宝殿、藏经阁沿中轴线自南向北一字排开，两侧对称建有钟鼓楼、东西厢房、东西跨院等，整座寺院规矩、和谐、对称、统一。

特别是兴固寺的建筑，都是沿用的大钜鹿郡官宅通用的瓦房结构，把皇家寺院的气派和当地的建筑特色完美结合，无论是建筑设计，还是彩绘艺术，均已达到近乎完美的程度，享有“出京第一寺”“畿南一大丛林”的美誉，“文化大革命”时期遭到毁坏。现仅存天王殿、藏经阁（现做大雄宝殿用）、舍利殿三座大殿，山门、观音殿为现代重建。

令人称奇的是，作为元朝首都的北京城，建造时沿用的不是蒙古族王朝圆形建筑，而是采用“中正”的布局，打造了一个南北长，东西略短的长方形建筑。在整体规划设计中，整个大都城也是以中轴线的位置次第铺展建造。

另外，北京城的另一大特点就是四合院，四合院的住宅正房都是坐北朝南，正房东西两侧建厢房，南房（也叫倒座）三间，这种建筑风格也正和兴固寺的“中轴为正殿两侧为厢房”的格局一致。并且北京四合院的这种卧砖到顶、起脊的瓦房，也是大钜鹿郡早在先秦时特有的瓦房建筑风格。更为巧合的是，兴固寺于至元元年刚刚经历一次大规模重修，确定了这种建筑格局。三年之后的至元三年，元朝始建元大都，也就是后来的北京城。

刘秉忠

研究过历史的人都知道，北京城的总设计师就是元朝重臣刘秉忠，刘秉忠和兴固寺有

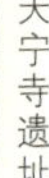

天宁寺遗址

什么联系吗？当然有。

刘秉忠，邢州人，名侃，字仲晦，号藏春。1242年，刘秉忠通过海云印简法师的引荐，得到元世祖忽必烈的赏识和重用，自此忠心辅佐忽必烈38年，“参帷幄之密谋，定社稷之大计”，为元朝的建立做出了重要贡献。元大都的规划、设计、建设都出自刘秉忠之手，被誉为“大元帝国的设计师”。

天宁寺碑

熟悉的人都知道，刘秉忠还有另一

个身份——出家人，他曾在邢台天宁寺出家为僧，法号子聪，由于天宁寺与兴固寺素有来往，经常去兴固寺，也因此与兴固寺的方丈幻儒法师成为至交。

元至元三年，刘秉忠奉旨开始规划设计元大都，规划一座都城和盖一座官宅根本不是一个概念，这需要设计者有超前的眼光、过人的胆识和超高的站位。刘秉忠也是第一次干这件事，他每天冥思苦想，设计了好几十套方案，还是达不到满意。想到佛教道友兴固寺方丈幻儒精通建筑学，便专门找他求解此事，正好看到了刚刚于元年重建以后的兴固寺。

刘秉忠一进寺就感觉到重修后的不同，可以看出兴固寺从规划布局到设计施工都是匠心独运、别具一格。经过了

元大都布局复原图

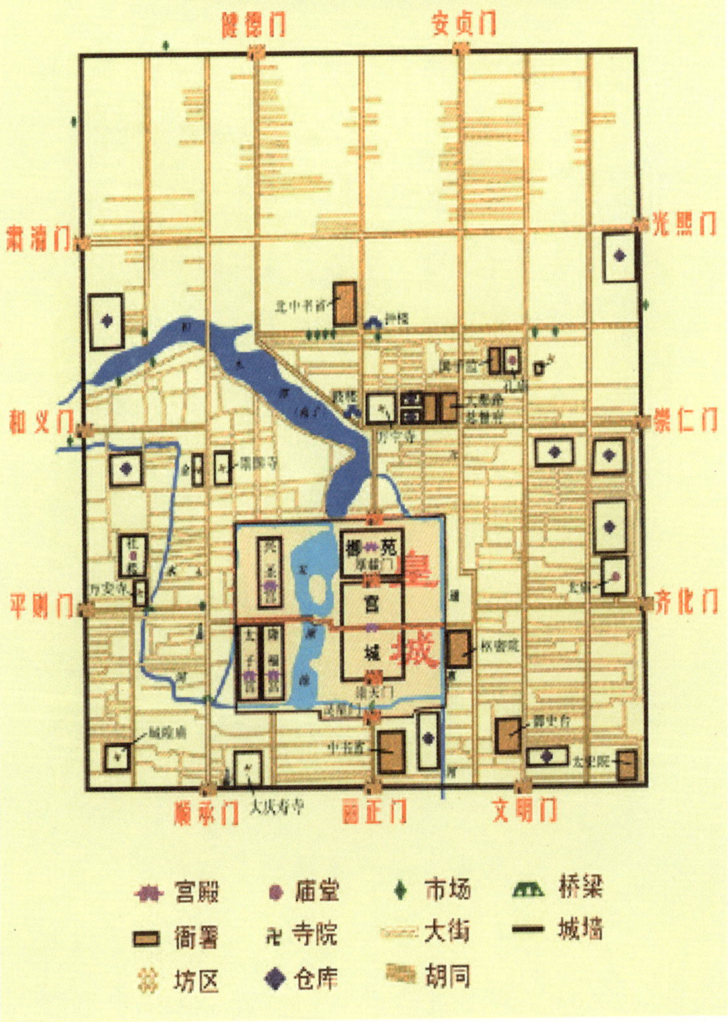

解得知，该寺是方丈幻儒法师亲自设计，经过与他的一番深入探讨，刘秉忠如醍醐灌顶、茅塞顿开，他向幻儒方丈借了设计图纸，连夜赶回元上都，开始了元大都的建设工程。

时至今日，距离刘秉忠建设元大都已经过去700多年了，令人遗憾的是，早已没有了刘秉忠参照兴固寺建设北京城的确切证据，只剩下“先有兴固寺，后有北京城”这一说法代代流传。

燕王扫北 古寺缝马

兴固寺坐落在丰州镇窦冯马村，在当地，老百姓都称兴固寺为“冯马寺”。很多人认为，寺建在冯马村，所以叫冯马

朱允炆

寺。其实不然，是先有冯马寺之名，后来村因寺贵，按寺取名，叫冯马村。那“冯马”二字是什么意思呢？原来是燕王朱棣发动“靖难之役”时，在此缝马治伤留下的典故。

朱棣

僧道衍

明洪武三十一年（1398年），建文帝朱允炆登基，开始削藩，燕王朱棣见到几位藩王先后被削，明白如此下去必无法逃过此劫，便和军师僧道衍密谋，于建文元年（1399年）七月起兵反抗，从北京一路打到南京，所过之处，片甲不留，这就是历史上的“靖难之役”，在民间叫“燕王扫北”。

自建文帝削藩以来，战火纷争、战事不断，百姓遭殃、生灵涂炭，兴固寺住持老和尚为防止受到战乱的侵扰，紧闭山门，带领着寺里的小和尚们吃斋念佛，不分昼夜祈祷早日结束战乱，恢复

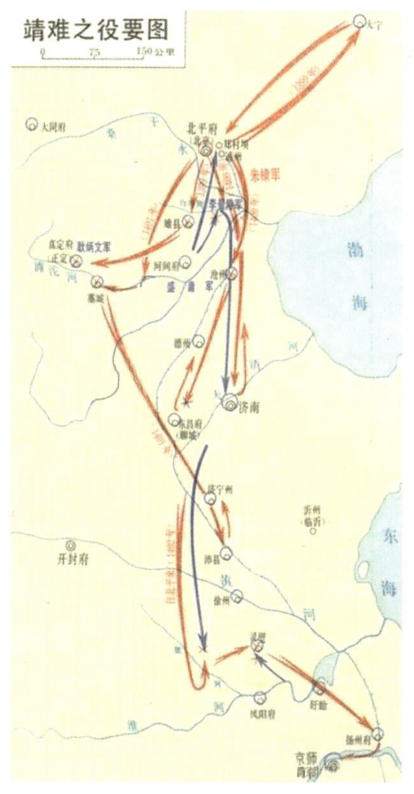

和平。一天夜里，老和尚梦见一条金龙自北向南呼啸而来，所到之地飞沙走石、民不聊生，但是金龙过后，很快又是繁荣和谐、安居乐业的局面。这条龙飞到兴固寺上空盘旋三圈，张牙舞爪地向老和尚扑来，老和尚猛然

惊醒，才发现是做了一个梦。

几天后，燕王部队抵达此地，镇守寨子的将官为防止马踏连营，在寨子路口放鹿角、设丫杈。见此情形，军师僧道衍命令士兵用战袍和棉被将战马的肚腹裹住，靠着夜色的掩护，发兵攻城，城池很快被攻克，虽然采取了防护措施，但有很多战马的肚子仍被划出了大口子，鲜血直流。

僧道衍入京前曾在兴固寺借宿，知道此地有一宏大的古寺，便和燕王朱棣来到寺院，让寺里的僧人为战马治伤。老和尚虽略懂医术，但从没有给牲口治过病，他按照给人治病的方法，将伤口一一缝合，并从香炉中取一些香灰和草药渣混合后敷上，然后包扎一下。这些受伤的战马好像知道是给它们治病一

缝马图

样，站在那里一动不动。在士兵和小和尚的帮助下，熬了整整一晚上，才将受伤的战马全部治好。又休整一天，战马已经基本痊愈，僧道衍告诉燕王，马伤好的这么快此乃天意，可以发兵南下。

在后来的战争中，燕王的军队攻无

不克、战无不胜，特别是那些缝过伤口的战马，犹如神助一般，一路飞奔，直捣南京。燕王走后，老和尚猛然想起自己前两天做的那个怪梦，才恍然大悟，意识到原来燕王就是那条金龙，看来燕王要当皇帝了。于是便和小和尚找来一块石碑，将事情的经过详细的记录了下来。

由于在兴固寺为燕王缝过战马，老百姓就叫它“缝马寺”，这个寨子也因

冯马村村标

此得名缝马，后来就成了缝马村。永乐二年，自山西洪洞县迁来的张、许、窦、孟、左五姓来此定居，便在村名前冠以姓氏，分别叫张缝马、许缝马、窦缝马、孟缝马和左缝马，后逐渐演变为“冯马”，为了便于书写，窦冯马也简化成了“豆冯马”。直到今天，当地的百姓还习惯的称兴固寺为“冯马寺”。

镇寺之宝舍利子

这个舍利有来头

兴固寺有三颗镇寺之宝，那就是释迦牟尼的佛骨舍利，也叫金刚舍利。兴固寺为什么会有佛骨舍利呢，这几颗舍利子有什么来头，这还得从隋文帝杨坚说起。

据史料记载，隋文帝杨坚从小在寺

院由智仙神尼抚养长大，所以他对佛教有着深厚的感情。在北魏时期，有一位西域高僧得知他与佛有缘，赠他一包佛骨舍利。隋开皇十五年（595年）的秋天，舍利子连续四天放出火焰一样的红光。舍利子忽然放光，想必是国运昌盛，隋文帝便和大臣商议，要在国内选出三十座高爽清净的寺院，建舍利塔供奉舍利子。

隋文帝杨坚

仁寿元年（601年）六月十三日，隋文帝将舍利子分送天下三十州县。十月十五日午时，全国三十座寺院同时举行舍利子入塔仪式，万众围绕，齐诵佛号，特别壮观。山西太原的奉圣寺也在这次分封的寺院当中。

在经历了一千多年的风雨侵蚀后，清乾隆十五年（1750年），奉圣寺的舍利塔倒塌，僧人们在塔基中取出舍利瓶，竟然发现当年的一颗舍利子变成了千百颗，方丈解释说：舍利有灵、生生不息。于是重建舍利塔取名“舍利生生塔”。此时正赶上兴固寺僧人祥光到奉圣寺挂单，有缘见到舍利子取出的经过，于是向方丈说明想迎请舍利子的心愿。

奉圣寺舍利塔

佛家讲究缘分，方丈得知祥光

是一名潜心修行的僧人，也知道兴固寺自古以来就是皇家寺院，有能力保护好舍利子，遂赠送十四颗舍利子让祥光带回，并派僧人普应一同前往，常驻兴固寺专职供奉舍利子。据乾隆十六年县志记载：乾隆十五年，寺僧祥光自山西奉圣寺迎请舍利数颗藏之……

乾隆四十九年新建舍利塔碑局部

舍利入瓶的时候，明明是十四颗，外面还加封了火漆印，到达兴固寺开瓶后，里面只有七颗，但舍利子的个头比装瓶时要大。兴固寺赶紧派人到奉圣寺询问原因，老方丈解释道“舍利子是佛祖留下的圣物，既能生也能合，想必是合二为一了。”

乾隆四十九年（1784年），兴固寺按照奉圣寺舍利生生塔的形制，在兴固寺的舍利殿内，仿照舍利生生塔建了一座舍利宝塔，共九层八面，木质结构，高至殿顶，每层供有鎏金佛像，塔内中空，里面装有珍藏的大藏经。塔身描金

新建舍利生生塔碑记拓片局部

舍利木塔残片

纹饰、雕龙画凤，美不胜收。塔下建有地宫，并将舍利子藏在塔下，舍利塔开光之际，奉圣寺方丈亲自主持了开光法会，并再次赠送七颗舍利子补足了原来的数目。

历尽磨难再续佛缘

现在兴固寺中只剩下了三颗舍利子，从十四颗到三颗，这里面有着一段鲜为人知、艰险曲折的故事。十九世纪三十年代，洋人用鸦片敲开了中国的大门，很多人染上烟瘾。寺里僧人为了凑烟钱，将其中的一颗舍利子卖到了五台山南山寺。

抗日战争爆发后，僧人还俗、寺庙破败，兴固寺只剩下住持静月法师，静月法师是一位道行高深、功夫高强的女僧人。有一天静月法师正在院里练功，跌跌撞撞跑进来一个年轻人，边跑边喊救命，这时听得外面响起了几声枪声，静月法师赶紧将年轻人藏在舍利塔下面的地宫里。后面的追兵追到寺院，翻腾了一通，什么也没找到，便离开了。

这时年轻人从地宫出来，说明了情况。原来这名年轻人人是威县人，叫张大昌，刚才追他的是从威县一路追来的皇协军。由于张大昌受了伤，静月法师便让他在寺里隐居起来。经过一段时间的观察，静月法师见他机敏好学、心地善良、佛缘深厚，确

张大昌

是可造之才，便让他学习佛教经典《大藏经》，同时将自己毕生所学武功倾囊相授。

张大昌白天学经，晚上练武，寒来暑往，从不间断。由于从小习武，有深厚的武术功底，加上他勤奋好学，刻苦练习，仅两年时间就看完了大藏经，武功也有了很大的进步。

这一天，静月法师将张大昌叫到舍利殿，取出六颗舍利子交于他，语重心长地说："如今是战乱年头，寺院也不是清净之地，舍利子在这里早晚会被匪徒抢去，我看你有保护舍利子的能力，这六颗舍利子就交与你保管，等到寺院兴盛的那一天，你再交回来。"张大昌没有想到，自己能够得到静月法师如此的信任，将这无价之宝交与自己保护，便含泪磕头离开了寺院。不久后，静月法师和其中的四颗舍利子也没有了踪迹……

兴固寺汉白玉舍利塔

解放后，张大昌在邢台东八县一带行医，还曾说过“老闺女始终是要回娘家”，表达归还兴固寺舍利子的愿望，但随着老人的去世，舍利子也不知去向了。至此，十四颗舍利子最终仅剩下三颗，静静地在舍利瓶中等待着……

“文化大革命”期间，兴固寺没有等来兴盛辉煌，等来的却是一群红卫兵。他们冲进寺院，砸了佛像，拆了殿堂，混乱中在舍利塔下发现了地宫。地宫里乌黑一片，寒风阵阵，谁也不敢下去。这时民兵连长张永田硬着头皮，第一个下到地宫。等适应了里面的光线后，张永田一下就看到了一只金瓶，拿起来轻轻一晃，里面好像还有东西，怕被红卫兵抢走，赶紧藏在怀中。

回家后，张永田将瓶中的东西倒出来仔细一看，有三粒石子一样的东西，张永田猛地意识到这就是兴固寺里的舍利子，于是便将舍利子好好的藏了起来，秘不示人，连家人也不知道，暗自期盼着兴固寺兴盛的那一天，好将舍

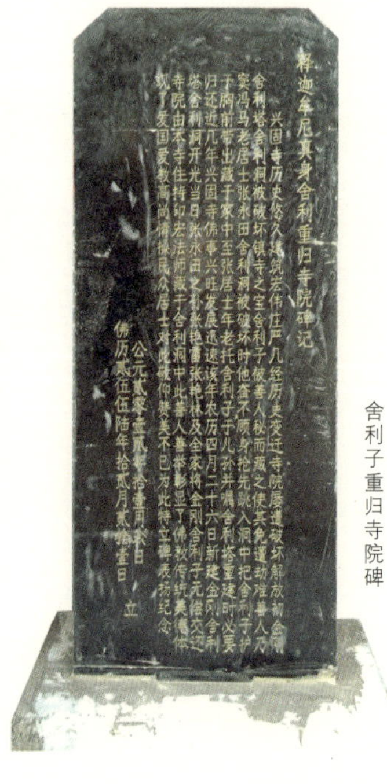

舍利子重归寺院碑

舍利子开光法会

利子送回，但直到张永田去世，也没有等到这一天。张永田临终将此事托付给了自己的儿孙们。

1978年改革开放以后，根据党的宗教政策，兴固寺开始恢复佛事活动。1998年9月，印宏法师受邢台市佛协委派，来兴固寺主持佛事，经过十几年的募化修缮，兴固寺逐渐恢复了往日风采。张家人见舍利子归寺时机成熟，便找到印宏法师，奉上了舍利子，并讲述了这一段尘封了半个世纪的传奇故事。

2012年4月26日，柏林禅寺大和尚明证法师亲自主持开光法会，为舍利子举行开光入塔仪式。天朗气清，惠风和畅，兴固寺人山人海、香烟袅袅、梵音呢喃、法器和鸣。一年轻人手捧金瓶，递于印宏法师手中，金瓶就是舍利瓶，瓶中装的就是佛骨舍利，分别是一颗黑色的发舍利，一颗白色的骨舍利和一颗闪着灵光的五彩舍利。据《释氏要览》记载，碎身舍利有三：一骨舍利白色，二肉舍利红色，三发舍利黑色。惟佛舍利五色，有神变一切物不能坏焉。

兴固寺现存舍利子

在经历了曲折磨难之后，这三颗圣物终于又回归到寺中，为这一段风雨飘摇的艰辛历程画上了圆满句号。

兴固寺舍利会发光

2006年的一天，一个扛着摄像机的人的到来，打破了兴固寺的宁静。这个人就是走进央视《实话实说》栏目、著名农民导演李建民。他正在拍摄一个纪录片《小沙弥的天空》，已经拍了几天，和寺里人也沟通得差不多了，今天要拍摄兴固寺的释迦牟尼佛骨舍利。虽然不是佛教徒，但能够见到佛教圣物，李建民心里隐隐生出几丝兴奋与期待，所以，他早早就过来了。

经过漫长的恭请仪式，住持印宏法师终于捧着一个黄布小包过来，将小包轻轻放到桌子上，小心翼翼地将黄布平铺开来，露出里面三颗宝石一样的舍利子。

舍利子放光

除了一颗白色骨舍利和一颗黑色发舍利之外，还有一颗晶莹剔透能变色的五彩舍利子，让人说不出具体的颜色。印宏法师解释说："现在的得道高僧，烧出来的都是白色的舍利，只有释迦牟尼佛才有五彩舍利子。"

李建民立即架上摄像机开始拍摄，刚一开始，舍利子还静静地躺在黄布上，拍了一会，突然发现舍利子发出一圈柔和的红光。李建民以为是角度问题，于是一连换了好几个摄像位置，可那红光还在。他赶紧请教印宏法师，印宏解释道："这是舍利子发的佛光，只有有缘人到来时，舍利子才会发光，看来李施主与这圣物缘分不浅呐。"

这时候，李建民从摄像机的镜头里发现，那颗五彩的舍利子里面好像有东

西在动，赶紧拉近焦距，将图像放大，这才看清楚，里面呈现出各种佛教的圣境，

三圣图

一会儿显示三圣图，一会显示万佛图，一会儿又显示释迦牟尼讲经图。李建民惊呆了，赶紧默念：阿弥陀佛。印宏说道："错了，应该念南无本师释迦牟尼佛。"说罢，就和小沙弥边念着边跪拜磕头，李建民也赶紧跟着念佛号磕头。

事后，印宏解释说："佛祖释迦牟尼涅槃的时候，将无上的佛法留在了舍利子里面，虽然佛祖的法身被火化了，但他的精神还在，舍利子里面灵动的图像就是佛祖精神的见证。"

这件事过去快十年了，李建民对这一情节依然记忆犹新，“因为当时太震惊了，这辈子能看到真正的佛骨舍利，亲眼见证它的神奇，真是莫大的缘分啊”，这份录像带至今还保留在他家中。

说起兴固寺的舍利子能放光，并非偶然。据乾隆四十九年《兴固寺新建金刚舍利塔碑记》记载：三名寺僧诵晚经，忽见舍利子大放光彩……说明兴固寺的舍利子确有放光一说。

万佛图

其实，隋文帝分封天下的舍利子，历史上曾有多次放光事件。按照史料记载，在恭送舍利上路的当天，隋文帝说道："今佛法重兴，必有感应。"果不其然，十月十五日后，各地的瑞相灵应纷至沓来。在迎送佛舍利入塔及其后一段时间内，大多数州郡的舍利都有光明出现，有的呈现五彩，有的呈现圆光，几十里外都能看到，蒲州郡的光明照耀二百里，远望者以为是在烧山。此外，各地瑞相奇观就不一而足了。

释迦牟尼讲经图

在北宋宝元年间，山西奉圣寺的舍利子也曾有过放光的记载。在近代和当代也多有舍利子放光的事件，如陕西法门寺的佛指舍利、北京八大处灵光寺的佛牙舍利都曾有过放光的记载。

舍利子为什么会放光，研究过舍利子的人众说纷纭，说法不一。佛教的高僧认为，舍利子放光很正常，但不经常，只有有缘人到来才会放光；一些典籍和史书记载说是佛祖把无上的佛法留在了舍利子里面，放光是无上佛法的功效；而现代对这种现象的解释是：舍利子是僧人常年食素，一些维生素和矿物质在体内通过化学反应形成一些物质，当这些物质发生光化反应，就形成了发光现象。不管这些解释是否合理，但舍利子能放光却是一个事实，也许有一天能够找到舍利子放光的真正原因，但我们更愿意相信舍利子的神奇！

缘去缘来大藏经

兴固寺除了舍利子还有另外一件镇寺之宝，那就是明代官刻御赐大藏经，有半部之多，共4870卷。说起这半部大藏经，还有一段传奇的来历。

话说当年永乐皇帝为防止被削藩，发动“靖难之役”，当了皇帝后，因觉得自己杀戮太重，在僧道衍的帮助下，开始大兴佛事，在境内修寺建塔，刻印佛经。由于攻打平乡时，裹马腹、踏鹿寨，在兴固寺为战马缝合伤口，为伤员治病，特敕封兴固寺一部大藏经。兴固寺得到御赐大藏经后，视为珍宝，专门建了藏经阁，制作了24个藏经柜，派专人严加看管保护，为纪念大藏经的来历，还在藏经阁前立了一块“御赐兴固寺大藏经碑”。

御赐大藏经碑

兴固寺一时间名声大噪，周围的寺院纷纷派僧人来兴固学习佛法，兴固寺为此专门开设讲经堂，每天按时开课讲经，就好像今天的佛学院一样。有时来得人太多住不下，就安置在附近的王固村石佛寺。

在前来学习的僧人中，有一个法号

影清的和尚，天资聪慧、勤奋好学，每天天刚亮他就第一个坐到讲经堂，复习前一天的学习内容。每天讲完后，他总是最后一个离开，将讲经堂打扫得干干净净。这一切老方丈看在眼里，喜在心里，五年后，影清学习完了整部的大藏经。

有一天，老方丈发现影清正在抄写经书，问他原因，他说准备将大藏经抄写下来，带回他出家的寺院传授佛法。老方

文殊讲堂内部

兴固寺文殊讲堂

丈被他的这份诚心所感动，就派了寺里三名善于书写的僧人，和影清一起抄写大藏经。

由于大藏经有一万多卷，用毛笔正楷抄写，实在是太慢了，四个人一个月下来，也仅抄了100多卷，要想抄完，日夜不停也得十年左右。

于是老方丈做出了一个惊人之举，拿出其中半部大藏经，借与影清和尚，并赠了他一匹骏马，让他将经书带回传授讲习，什么时候讲完了，再拿回来换取另外半部，就这样影清和尚带着半部大藏经离开了兴固寺。

一晃十几年过去了，二十几年过去了，也许是影清还没有讲完，也许是半路上发生了意外，老方丈直到圆寂也没有等到影清，因此兴固寺的大藏经也就成了半部。在查阅资料的时候，我们偶然发现贵州一家寺院也有半部大藏经，据说来自河北一家寺院，但是否与兴固寺的大藏经同属一部，我们就不得而知了。

剩下的半部大藏经在寺庙破败后，被村民拿回家，有的糊了窗户，有的糊了房顶，还有的给孩子当了写字本，后经印宏法师多方搜寻，在村民家中找到20余卷。

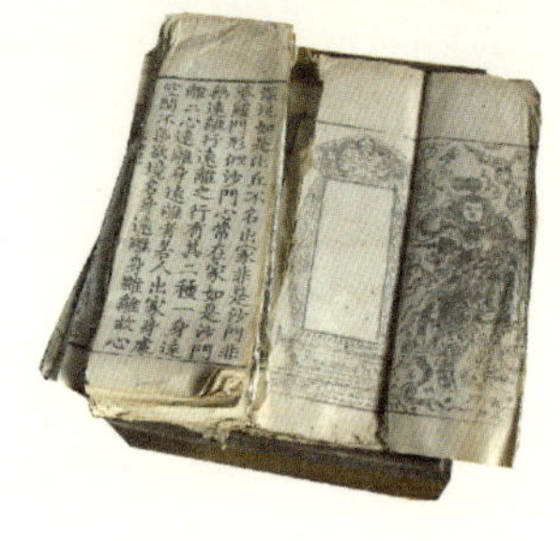

兴固寺现存的老版大藏经

兴固寺乾隆版大藏经

2002年，在邢台市佛协的帮助下，兴固寺与台湾一家寺院结缘，请来一整部清乾隆版大藏经，该经是按照清代官刻汉文大藏经重新排版印刷，共168本，全藏共收录经、律、论、杂著等1669部，7168卷，是兴固寺新的“镇寺之宝”。

塔林石塔残石

第二辑

历史见证

兴固寺历史已千年。当年的雕栏画栋、气势磅礴已无处可觅，但仔细考究，仍会发现古寺的魅力和历史的印迹。无论是殿宇还是碑林，都在诉说着辉煌的过去。

兴固寺金刚舍利殿

威震山东九龙壁

历史上，兴固寺的山门前曾有一座巨大的影壁墙——九龙壁，其规模宏大、雕塑精美、远近闻名。九龙壁位于兴固寺中轴线的最南端，与山门遥遥相对，东西走向，长七丈二，高一丈八，厚三尺左右，青砖筑成，顶上设有五脊六兽，两端有吻兽，檐下斗拱，正面九条龙以高浮雕手法砖雕而成，背面书有“唵嘛呢叭咪吽”六字真言。

九条龙分隔

于5个空间，正中的为正龙，两侧的分别为升龙和降龙，九龙腾飞，神态各异。正龙威严、尊贵，升龙刚猛而充满力量，降龙则温文尔雅，寓意武将文臣，刚柔相济，圆满如意、蒸蒸日上的盛世

我国现在仅故宫、北海公园、山西大同三处有九龙壁

景象。

据说九龙壁能够震慑邪祟，护佑一方平安，特别是脊上的吻兽，威慑力强，能够影响到山东临清一带，冯马村上点年纪的人都知道九龙壁威震山东的故事。

话说九龙壁刚刚落成的时候，规模宏大，气势雄伟，一下子将方圆百里的邪气都镇住了，当地风调雨顺，百姓安居乐业。老百姓都把九龙壁当成神壁，烧香磕头，顶礼膜拜，由每家每户轮流值班看护，生怕被人破坏。

俗话说“怕神就有鬼，怕鬼就拉腿”，越是怕什么就越来什么。这天村里来了个要饭的，只见他衣衫破破烂烂，头发凌乱蓬松，但他的神情却并不显得呆滞，目光中暗暗的透着一种精气

兴固寺吻兽

神和自信。要饭的在兴固寺吃了斋饭后，却并不急着离开，围着九龙壁看了又看，就在九龙壁的墙下睡起了大觉。

到了第二天早上，大家发现九龙壁东面的吻兽没有了，另一个吻兽也遭到了破坏，要饭的早已没了踪影。一个要饭的为什么要破坏九龙壁呢，老方丈百思不得其解。当他们把遭到破坏的吻兽修好后，表面上故意放松了警惕，暗地里却严加防范，等着那个破坏九龙壁的人上钩。

过了一个多月，那个要饭的又来了，方丈一下就认出他来，经过再三询问，那人说出了详情：他并不是一个要饭的，而是山东临清的一个村长。近年来，他们那里旱涝不定，灾害不断，风水先生说是受此地九龙壁的影响，只要将影响着东方的吻兽弄掉就好了。在大家的支持下，他才化装成一个要饭的，前来破坏九龙壁。

老方丈本以为修一座九龙壁能够保佑当地百姓就行了，没想到它的威力竟然影响到了山东。于是，老方丈按照佛经上的破解之法，在兴固寺东南方向挖一大坑，四周栽上柳树，才算挡住了吻兽的威力。说来也巧，从那以后，再也没有听说临清一带闹过灾害。

“文化大革命”时期，人们的思想发生了转变，特别是经历了几场大的自然灾害后，村民再也不信奉九龙壁，因此九龙壁也就没有人保护和修缮了。那个曾经让人日夜保护，留下美丽动人故事的九龙壁，仅剩下了一个青砖影壁墙。

天王殿里的鸟柏

穿过兴固寺的山门，首先看到一座大殿，大殿面宽三间，硬山瓦顶，这就是兴固寺的三殿——天王殿。一进殿内，仰头观看殿顶，乍一看，殿内梁檩所用的木材与普通松柏没什么区别。但是仔细观

兴固寺天王殿

兴固寺鸟柏梁架

看，你会发现这些木材长着树瘤和枝丫的地方，都是鸟形花纹，其状如燕似鹊，或站或翔，或仰首鸣奏，或翘尾侧听，栩栩如生，有满殿绕飞之感。前些年，重建天王殿的时候，将梁架进行刮刨翻新，鸟形益加清晰明显，这就是兴固寺奇景之一——鸟柏。

兴固寺梁架上的鸟纹

清朝时期，兴固寺住持为重修三殿，省吃俭用，筹集善款。一天傍晚，寺里刚下了晚课，来了三位居士。其中一位居士，穿一身深棕色绸缎面长袍马褂，身材高大、五官端庄、双目有神、仪表堂堂，给人以威仪之感。另外两位虽然也是衣着光鲜，但言语间对这位居士充满了谦卑和恭敬，一看就知道是他的随从。

三人进寺以后，首先找到住持，表明了来意：一来听说兴固寺是京南第一寺，藏有佛骨舍利，慕名前来参拜；二来听说兴固寺要重修三殿，想来捐助一些款物。这可真是久旱逢甘雨啊，住持就带领这三位居士到各殿参拜。

当拜到舍利殿的时候，只见瓶中舍利子发出祥和的红光，好像刚刚烧红的木炭一样。住持惊讶地说："阿弥陀佛！老衲来兴固寺十八年，只听说这些舍利子曾经发过光，但一直无缘见到，今天三位居士想必是有缘之人，一来就看到舍利子放光的奇景，几位真是我兴固寺的贵人呐！"这三位居士也觉得神奇，赶紧上香磕头跪拜，当晚便在兴固寺住了下来。

第二天早晨起来，三位居士顿觉神清气爽、精神百倍。临走时，他们向寺里捐赠了百两纹银，并对住持说："我们还有一些梁架木料，回去后就安排人送来。"

果然，一个月后，运来好几车木料，并附有黄布书信一封，信上写：小王慕名访古刹，得见圣物放光华。幸为舍利有缘人，赠送乌柏筑佛家。虽然没

乌柏上乌纹树瘤

有落款，仅凭黄布、小王、乌柏这几个关键地方，住持也就明白了，那天来的人肯定是皇亲国戚，这一定是皇家的供养。

于是将这些木料刮开一看，柏香袭人，乌形清晰，果然是传说中的乌柏。于是便用这些乌柏，盖了天王殿。后来，虽然天王殿几经翻修，但是这个乌柏梁架却始终没有动过。

玉泉寺乌柏

乌柏是柏树的一种，树干上长有很多树瘤，刮刨开后，树瘤里面呈现出各种鸟形花纹，存世量非常稀少。据说，鸟柏还能散发一种奇异的香味，各种鸟非常喜欢在鸟柏上筑巢栖息，每落一只鸟，树干上就会长一个鸟纹。

如果人站在树下鼓掌，就会听到树上有鸟的叫声，鼓掌越快，叫声越多，一停下来，鸟叫声也戛然而止，专家也解释不清其中道理。以前兴固寺的金刚舍利殿前面也有一棵两人合抱的大鸟柏，与邢台玉泉寺鸟柏、内丘扁鹊庙鸟柏属同一时代，后来兴固寺衰败后，被村民伐掉。

扁鹊庙鸟柏

附：天王殿的小故事

进入天王殿，殿内正中供奉着弥勒塑像，背面供奉韦陀护法站像。关于弥勒佛和韦陀为什么塑在一起，还有一个哲理小故事。

天王殿里背对而站的弥勒和韦陀

相传在很久以前，他们并不在同一个庙里，而是分别掌管不同的庙。弥勒佛热情快乐，所以来的人非常多，但他什么都不在乎，丢三落四，没有好好地管理账务，经常入不敷出。而韦陀虽然管账是一把好手，但成天阴着个脸，太过严肃，搞得人越来越少，最后香火断绝。

佛祖在查香火的时候发现了这个问题，就将他们俩放在同一个庙里，由弥勒佛负责公关，笑迎八方客，于是香火大旺。而韦陀铁面无私，锱铢必较，则让他负责财务，严格把关。在两人的分工合作中，庙里一派欣欣向荣景象。

后来，有人将这个典故用在了企业管理上，用人所长，避人所短，把人才用到合适的岗位上，让人才与工作、与职位相匹配，因势利导，发挥人才价值的最大化。

一两黄金一块砖

2012年7月，一场“砖”的拍卖会在杭州举行，89块砖一共拍出了950万元的天价，平均每块砖价值在10万元以上。什么砖让人如此追捧，能够如此的值钱？这就是金砖。

当年兴固寺的二殿作为主殿，铺地用的就是金砖。话说当年朱棣发动“靖

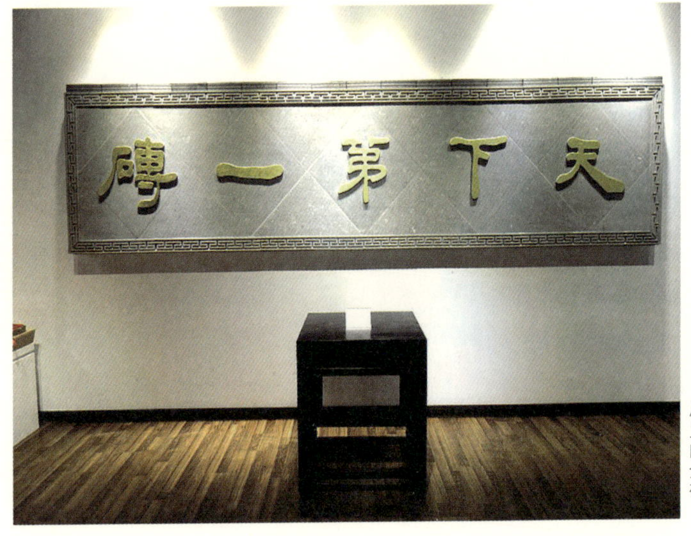

展览的金砖

难之役”，裹马腹、踏鹿寨攻克此地，在兴固寺为战马缝合伤口的时候，无意中发现二殿的地板砖光而不滑、乌黑油亮，踩上去脚感非常舒服，便对这地砖产生了兴趣。

寺里方丈介绍此砖名叫金砖，取自佛经中，给孤长老以金砖铺地，买下庄园，请佛祖讲经的典故。这种金砖是山东窑工创烧，工艺复杂，价格昂贵，有一两黄金一块砖的说法。烧制一窑砖要两年左右，如果不是皇家或者官府供养，一般的寺院可用不起这样的砖。

据记载，古代工匠制作金砖时，先要选土，所用的土质须黏而不散，粉而不沙。选好的泥土要露天放置整整一年，去其“土性”。然后浸水将黏土泡开，让数只牛反复踩踏炼泥，以去除泥团中的气泡，最终炼成稠密的泥团。

烧制金砖——筛土

再经过反复摔打后，将泥团装入模具，平板盖面，两人在板上踩，直到踩实为止。然后阴干砖坯，要阴干7个月以上，才能入窑。

烧制金砖——踩泥

烧制时，先用糠草熏一个月，去其潮气，接着劈柴烧一个月，再用整柴烧一个月，最后用松枝烧40天，还要从窑顶窨水后才能出窑。出窑后还要经过严格检查，如果一批金砖中，有6块达不到“敲之有声，断之无孔”的程度，这一批金

烧制金砖——制坯

烧制金砖——阴干

烧制金砖——烧制

烧制金砖——开窑

砖都算废品，要重新烧制。

就这样，从泥土到金砖，要长达两年的时间，而每座窑一次能够生产的金砖，至多不超过7000块，其中还得有一定比例的次品和废品。

后来朱棣当了皇帝，定都北京，大兴土木，建造紫禁城，便召集天下能工巧匠制作地砖，各地制砖的高手带着自己的得意之作，云集北京，参加“斗砖大会”。经过再三的评比筛选，最终只剩下苏州陆慕砖

兴固寺现在的二殿

永乐帝赐名苏州陆慕砖窑为御窑

窑生产的金砖，和山东窑厂的金砖进入决赛，争夺最后的魁首。

由于苏州地处江南，土质细腻，经过质地比拼、光滑度、敲击声音三轮激烈的角逐，苏州窑厂凭借土质的天然优势取得胜利。于是以苏州陆慕砖窑厂为首的六十三家窑厂，专门从事皇宫金砖的烧制。尤其是陆慕砖窑厂，由于质量优良，博得了永乐皇帝的称赞，赐名窑场为“御窑”。

“文化大革命”时期，二殿作为大雄宝殿，是寺院的主殿，红卫兵把二殿当作封建迷信的象征彻底拆除，门窗、梁架等被哄抢一空，剩下的砖砖瓦瓦也被村民拿回家，有的垫了院子，有的当了门墩。

后来申报历史文化名村的时候，有关专家无意中发现了这些金砖，大家这才知道金砖的价值，于是赶紧将仅剩的几块金砖妥善保存了起来。

兴固寺现存金砖

乾隆敕建舍利殿

兴固寺的东跨院里，有一座精美奇特的大殿，它就是金刚舍利殿。说它精美，它的砖雕饰物工艺精湛，色彩艳丽，让人叫绝；说它奇特，它内部遍施彩绘，足金游

梁上贴金游龙

龙，满殿都是。现在看来如此奢华的建筑，普通寺院难以完成，到底舍利殿是谁建的，已没有可考证的文字记载，但当地老百姓都口口相传着“乾隆敕建舍利殿”的故事。

史料记载，乾隆皇帝喜欢微服私访，经常轻车简从，深入民间，体察民情。有一天，乾隆来到此地，大老远就看到兴固寺人山人海，热闹非凡，便进寺观瞧。原来这里的僧人从外地请来佛骨舍利，正在举行开光法会。

乾隆皇帝本身非常信奉佛教，这样的场面，怎能不去看看？于是，他和老百姓一样，点上香，排好队，接受高僧的灌顶加持。他认为自

乾隆画像

己是真龙天子，洪福齐天，对于灌顶祈福是否灵验，并不是特别在意。

但接受灌顶之后，他顿时觉得头脑清晰、神清气爽、心情大好，困扰多日的治国难题也迎刃而解，乾隆这才对舍利子的认识发生了变化，知道舍利子的确是圣物。而自己能在兴固寺有缘得见，并得到灌顶加持，看来兴固寺是自己的福地。

于是，乾隆回京后便安排工部携重金敕建金刚舍利殿，为该寺的舍利子建了一处豪华安身之所。

舍利殿高超的建筑技艺，精美的黄金龙饰，在中国佛教寺院中实属罕见。我们看金刚舍利殿，面宽三间，进深三间，高三丈余，典型的清代建筑风格。整座大殿为木架结构，东西山头以琉璃

舍利殿外景

镶边，山花为高浮雕、琉璃彩、游龙戏珠，山尖以斗方填心，砖雕“峻”“极”二字，有凭高远眺无尽之意。前沿有龙头凤尾斗拱，殿前有两组三层砖雕饰头，集透雕、浮悬雕于一身，手法细腻，兽鸟神态逼真，花草惟妙惟肖。

舍利殿砖雕

金刚舍利殿

殿内木雕更为独特，各种雕饰造型各异，千姿百态，通殿木雕无一雷同。更让人叹为观止的是，殿内遍施彩绘，能看到的木架上都绘有双龙图案，贴金游龙多达360幅，几百年来依然光亮如新，专家估测这些龙饰所用黄金至少10斤以上。全殿大大小小的金龙，形态生动，或飞或翔、或动或静，无不美轮美奂。特别是夜间，灯光一照，好像置身龙的海洋。近些年一些考古学者经过仔细的研究之后得出结论，看兴固寺的奢华、气派和讲究，非皇家供养达不到这种水平。

一块明朝的石碑

兴固寺三殿前有一块明嘉靖十五年重修碑，这个石碑是兴固寺内现有的保存最完整、碑文最清晰、历史最悠久的一块石碑。经过多方走访，当地老百姓为我们讲述了关于石碑的这样一个美丽故事。

兴固寺自至元元年重修以来，直到嘉靖初年，二百多年的时间里，没有进行过大规模重修，殿堂早已破败不堪，甚至有的佛像因为塑造时间太长，出现了裂缝。尤其是每到节日，大量的人流涌入，人们都担心殿堂会承受不住塌下来。香客们多次向寺里提出重修之事，但因为没有牵头人，工程又过于繁复浩大，多次商量都不了了之，寺里方丈祖豪、祖允看在眼里，急在心里。

嘉靖十四年（1535年）春天，冯马村常年在外地做生意的窦虎回家为父母祝寿。过寿前一天，窦虎就带着亲戚张文德、张杰、苏朝等人到兴固寺为二老祈福。窦虎常年在外经商，资产丰厚，每次回乡都会为百姓办很多好事，是远近闻名的大善人。同时，他还与兴固寺颇有渊源，是寺里最大的功德主，每年都会捐很多香火钱。关于窦虎与兴固寺，还有这样一个传说。

明嘉靖十五年重修碑

几十年前，寺院里突然从天上掉下来一只鸽子，左边的翅膀受了伤，寺里的僧人就把它养了起来，每天带着它一起听早晚课。在寺里僧人的细心照顾下，鸽子的伤很快就好了，只不过落下了一个细长的疤痕。却不想在僧人们决定把它放生时，它不愿离开寺院，自己在寺院的房檐下安了窝。

每天一到早晚课，就飞过来落在大殿的窗棂上聆听，大家纷纷惊叹，这只鸽子居然如此有灵性，就这样，鸽子在寺院住了下来。

没想到，好景不长，不知什么时候，鸽子的腿上长了一块烂疮，僧人们试了许多方法都医治不好，烂疮逐渐漫延到全身，散发出阵阵恶臭，即使这样，这只白鸽仍然坚持每天听早晚课。

直到一天早课时，大家发现大殿没有了鸽子的身影。人们在墙角找到它时，它已经奄奄一息，头却仍朝着大殿的方向。众人纷纷摇头惋惜，认为它马上就要死了。可挨了三天，鸽子竟然还提着一口气不肯离去。

这时，老方丈突然过来对众人说道，“赶紧杀了它”，然后就出寺去了。众人非常惊讶，出家人不杀生，况且方丈平时慈悲为怀，连蚊虫都不忍伤害，今天是怎么了？大家弄不清怎么回事，没有一个人动手。到了下午，老方丈外出回来，发现那鸽子还在，便再次说道“赶紧把它杀了！”众人实在忍不住了，就追问缘由。

原来，这只鸽子轮回将至，因它一心向佛，下一世会投胎在东面村里那个窦姓大户人家，不仅不愁吃穿，长大后还会有所成就，现在它却迟迟不走，再拖下去会耽误大事。

听到这里，寺里僧人赶紧将鸽子杀掉，随后，到村里一打听，果真那户人家的媳妇足足难产三天，才生下一个大胖小子。孩子生下来左臂就有一个细长纹的胎记，这就是窦虎。

窦虎小时候对兴固寺有很深的依恋之情，经常来寺院玩耍，还不识字时，就有模有样的同众人一起听早晚课，长大后在外经商十分成功，每年都会给寺里捐助大笔钱财。

这次，听说窦虎等人要来上香，寺里住持非常重视，觉得这是能够顺利修

兴固寺重修碑和功德碑

寺的一个契机，便早早地打开山门，带领大小和尚出门迎接。

果然，上香完毕，窦虎等人看到寺庙破败的景象，十分痛惜，就对住持祖毫和祖允说道：“二位高僧，佛像是僧人的依托，殿宇是佛像的依托，如今寺内的殿堂、佛像坏成这样，你们身为佛门弟子，为什么不赶紧修复？”

听到这儿，祖毫满面愧色：“不是我们不想修，实在是有难处啊！寺里全部财产加起来，应付平常的修修补补还可以，但要完成重修这么大的事，单靠寺庙的力量还远远不够。在座各位都是乡里远近闻名的大善人，让人钦佩，如果你们能够帮助我们共同修复寺庙，这将是很大的功德啊！”窦虎等人说道：“如果你们真是有心修建，我们虽然力量微薄，但愿与大家共同完成修寺一事。”

祖毫等人听后非常高兴，遂决心修建寺庙，省吃俭用，压减其他一切开支。窦虎等人也如约从钱物方面全力支持。同时号召乡邻，有钱出钱，有力出力，甚至将自己在外生意上的朋友也号召来捐钱捐物。众人拾柴火焰高，就这样，历时一年，寺庙很快就重修好了。据碑记记载，重修后的兴固寺“金碧辉煌、见者改观，宫殿巍峨，眺远望也，佛像森列，动人钦也……”

面对这恢宏的建筑，窦虎感慨地说：“前人修建了如此宏伟壮观的寺院，如果没有人维护，就这样白白毁掉实在可惜，于是我才有了修寺之心。但由于没有记载，如此巍峨的殿宇却不知谁人所修、修自何时，所以，这次我们要立一石碑，来记述这次修寺之举，以供后人参阅，也让寺庙的历史得以传承。”于是，才有了这块石碑，才有了这些故事。

兴固寺美景

兴固寺美景

兴固寺美景

兴固寺美景

那些人那些事

点滴皆故事，处处是传奇。兴固寺作为当地最古老的寺院，在岁月的烟云里，成就了一段段色彩纷呈、匪夷所思的故事，在民间代代流传，使得这座古老的寺院愈发厚重和神秘。

兴固寺天王殿

找到魏征坟　天下没穷人

唐朝名相魏征是钜鹿郡人，在加入瓦岗寨之前，经常到兴固寺与方丈谈禅论道。一年冬天，魏征在回家途中遇到一位冻僵的老人，魏征赶紧施救，并将老人接到家中调养。

数日后，老人身体恢复，临走之际赠送魏征一个锦袋，里面装着一包谷子，谷子色泽金黄，谷粒饱满，虽然只有一小包，但拿在手中却觉得沉甸甸的。

魏征

老人告诉他，这叫“回耧谷”，这个谷种只要一落地，眨眼的工夫便会生根发芽，顷刻间即可收获。但是这种谷子只能在一天内种了收、收了

老漳河风光

种，只要一过夜，第二天就变成普通的谷子。老人说完后就走了，魏征拿着这些谷子将信将疑，再出去寻找这位老人时，已消失得无影无踪。

第二年开春后，魏征想在自家地里试种一下，但是一个春天都没有下雨，地里干旱的连棵草都没有。魏征想到了兴固寺的300亩僧田，临近漳河，水源充沛，灌溉便利，土地肥沃。正是一块种谷子的好地方。魏征找到方丈，拿出十粒谷种，叫上僧人，来到田间。只见谷种刚一进地就生根发芽，一会的工夫，十棵谷子结出了硕大的谷穗，很快就熟了，僧人们都看呆了。魏征招呼大家赶紧将谷穗收割，十支谷穗就收了一斤多的谷种，种下去就是一亩地，一亩地种下去，就是几百石了。

兴固寺里大囤满、小囤流，满满的都是谷子，最后实在没地方放，就堆在了大雄宝殿的佛肚子里。由于事情比较神奇，所以寺僧没有敢对外声张。第二天僧人又拿谷子去种，结果奇迹却没有出现。

后来，魏征到了瓦岗寨投靠了李密，李密被王世充击败，魏征随李密归降李唐。李世民发动玄武门事变后，魏征又跟随李世民当了尚书右丞、宰相。直至魏征老去，再也没有听说他种过谷子。有人说魏征从政以后，衣食无忧，

河南商丘魏征墓

山东滕州魏征墓

陕西礼泉魏征墓

不用种谷子了；也有人说魏征死的时候将回楼谷作为陪葬品，被埋在了地下。

据传，魏征通阴阳、会卜算，料到死后坟地会被唐太宗破坏，恐不得善终，故并没有将尸首埋在昭陵附近的陵墓中，而是安排家人偷偷将尸体运回钜鹿老家安葬，并提出不埋坟、不立碑、不祭奠。所以，至今都没有找到魏征真正的陵墓，在平乡县民间流传着“找到魏征坟，天下没穷人”的说法，而回楼谷这一美丽的传说也就给后人留下了无尽的遐想……

忽必烈古寺谈禅定邢州

兴固寺自古以来就高僧云集，名僧辈出，一些朝廷大员，甚至王公贵族都经常到兴固寺找高僧谈禅论道、释疑解惑。据说，忽必烈后来之所以重用汉臣、推行汉治，实现邢州大治，其灵感就来自兴固寺的一次谈禅。

忽必烈

话说元世祖忽必烈还没有当大汗的时候，就已经认识了刘秉忠，并将其纳为谋士。当时的邢州被达鲁花赤施以暴政，民不聊生，十年时间民户

蒙哥汗

由一万五千多户锐减到了五百多户。由于刘秉忠是邢州人，又在邢州出家，对邢州之地遭受的蹂躏，非常痛心。为了恢复故土的繁荣盛世，他通过忽必烈上书蒙哥汗，蒙哥汗便将邢州之地封给年轻有为的忽必烈。

为了尽快改善邢州现状，刘秉忠提议以汉臣汉法治汉，忽必烈始终下不了决心。于是刘秉忠借回家省亲的机会，邀请忽必烈到邢州，微服私访、实地查看、体察民情。他们骑马从邢州出发，一路向东，忽必烈看到曾经的风景如画、商贾云集的富庶之地，如今变得人烟稀少、一片荒芜，觉得十分痛心，和刘秉忠边谈边走，不知不觉走了百里，此时天已黄昏。

在刘秉忠的建议下，二人来到兴固寺借宿，老方丈认识刘秉忠，再一看旁边这位，器宇不凡，仪表堂堂，便知道个八九不离十了。吃过斋饭，刘秉忠借故退了出来。只剩下老方丈和忽必烈二人，两人谈禅论道直到子时才结束。此时，忽必烈那种贵族的锐气收敛了许多，恭恭敬敬地将老方丈送回禅房。看到这一切，刘秉忠便知此事已解，至于方丈究竟与忽必烈说了些什么，却也无从知晓，不过这些已经不重要了。

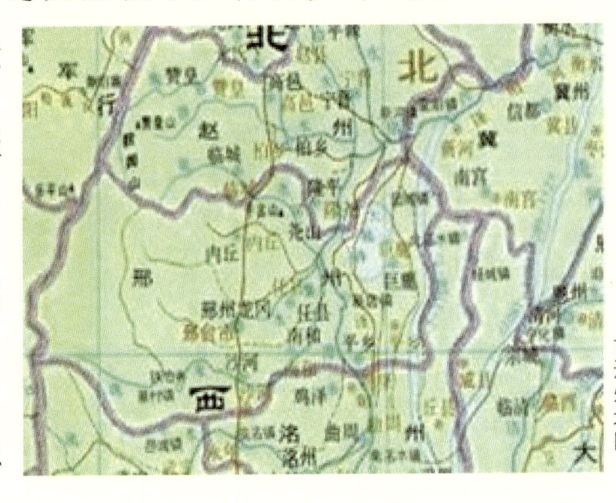

古邢州地图

忽必烈回去之后，按照刘秉忠

顺德府老牌匾

的建议，任用汉人张耕为邢州安抚使、刘肃为邢州商榷使，大力推行以汉法治理邢州，这两人也不负众望，到邢州一上任，便革除弊政、惩办贪暴、招抚流亡，仅仅几个月时间，流民回迁，邢州大治。

县太爷还愿写牌匾

在兴固寺的大雄宝殿门楣上方，挂着一块清道光年间的牌匾，上面写着四个楷书漆金大字“徧覆大千”。“徧覆大千”一词出自佛经中的“徧覆三千大千世界”，意思是佛法广大，可以普度众生。牌匾的落款是：时道光十年岁在庚寅，知平乡县事席元榜题。席元榜是

大雄宝殿前的徧覆大千牌匾

个什么样的人，为什么会给兴固寺题一个“偏覆大千”的牌匾，这里面还有一个县太爷救灾还愿的故事。

席元榜，江西宜黄人，嘉庆十三年（1808年）进士，道光九年（1829年）任平乡县知县。他为人正直善良、勤政廉洁，曾在全国多个地方任职，在任期间为老百姓办了很多好事，很受当地老百姓拥护。

刚到平乡任上，席元榜就开始走访百姓，体察民情，指导农业。老百姓喊冤告状，他总能第一时间受理，秉公断案，从不徇私枉法，老百姓都说来了个“席青天”。

席元榜到任第二年，天灾一场接一场。农历四月，麦子即将成熟，丰收在望，一场突如其来的暴雨将人们丰收的希望打了水漂。大雨连下四天四夜，地里都是膝盖深的水。席元榜带领大家抢收粮食，颗粒归仓，一连几天都在田间地头奔波忙碌。

收来的麦子还没来得及晾晒，有的麦穗都发了芽，紧接着又一场暴雨夹杂着鸡蛋大的冰雹砸了下来，一些破旧的房屋开始漏雨，有的土坯房由于大雨的浸泡，随时都有倒塌的危险，席元榜又开始为老百姓的安危操劳。刚刚费了九牛二虎之力，把老百姓安顿好，一场大地震又袭击了平乡，老百姓的房屋多数倒塌，很多老百姓被砸伤。

风伤禾。秋，疫气流行，死者无数。四年（1726），蝗。七月，大水。八月，地震。九年（1731），旱。十一年（1733），大水。乾隆二年（1737）七月二十五日，雨雹，伤庐舍田禾。五年（1740）三月，狼猝散处，民间幼稚有为食者。七年（1742）五月二十六日至六月初五日，大热，人多暍死。二十四年（1759），春夏无雨，七月，大水，镇西堤决。五十七年（1792），饥。五十八年（1793），大饥。嘉庆六年（1801），大水，镇西堤决，漂没坟墓无数。七年（1802）端午，大雨雹。十七年（1812），饥。十八年（1813），大饥，贫民多鬻子女。二十年（1815），岁大熟。道光元年（1821），岁大熟，疫气流行。三年（1823），大水。七年（1827）三月末，雨雪。十年（1830）四月，大雨四日，水淹麦田。闰四月初五日，大雨雹。二十一日酉时，地震，房屋多倒塌。十四年（1834）七月，大水，城东河决，城西堤决，二水势合，冲塌北关护城堤。二十五年（1845），旱，开仓赈恤。二十六年（1846）正月，火光遍野，既而微雨始息。二十八年（1848），大饥，米一斗价值二缗。咸丰七年（1857）、八年（1858），俱旱，蝗食禾且尽。十一年（1861）六月，山东邱县土寇窜扰县境，

平乡县旧志校注　光绪版平乡县志　卷一　星野　八四五

平乡县旧志校注上的相关记载

关于道光十年接连发生的这几场自然灾害，《平乡县志》是这样记载的：道光十年，四月，大雨四日，水淹麦田。闰四月初五，大雨带雹。二十一日酉时，地震，房屋多倒塌。寥寥数语，可以想象到当年老百姓的处境。

身为知县的席元榜，在接二连三的经历这样大灾大难的同时，想到了求神拜佛。于是他来到兴固寺，请寺里的方丈为全县老百姓祈福，祈求风调雨顺、

席元榜送匾

早日渡过难关，为表诚心，席元榜和寺里僧众一起在大雄宝殿长跪三日，斋戒诵经。

说也奇怪，接下来的几个月天气异常的晴好，艳阳高照，微风徐徐，水泡的麦子很快就晒干归仓。老百姓都认为是兴固寺佛祖显灵了，连席元榜都觉得是诚心拜佛的结果，一下子有了信心，和老百姓一起恢复生产、重建家园，老百姓很快就渡过了难关。

当年秋天，果然也是风调雨顺，全县玉米、谷子、黄豆等作物大获丰收。老百姓在庆祝的同时，都不忘将自己家收获的粮食，送到寺院和县衙。农历八月十五，席元榜为感谢佛祖保佑，特地来到兴固寺上香还愿，并亲笔为兴固寺写下“偏覆大千”这一牌匾。

柏枝泡茶治百病

兴固寺里原有三株古树，一株鸟柏，一株茶柏，一株槐树，都是两人合抱粗细，树龄也都在千年以上，其中最神奇的就要数这株茶柏了。因这种柏树的叶子晾干后能泡茶而得名，据说喝后能够清热解毒、止渴生津，醒神明目，健脑益智，被当地人视为神树。关于这株茶柏还有一段治病救人的传说。

话说明嘉靖年间，平乡县瘟疫流行，很多老百姓都染上瘟疫，久治不愈。时任兴固寺方丈的济生老和尚精通医术，便在兴固寺的大柏树下支起大锅，熬制中草药，免费发放给病人服用。有的人喝了十几次，不好也不坏，但只要一停药，病情立即加重。老和尚这下可犯了难，总不能这样无休止的熬药吧。

这天，济生老和尚像往常一样，配好药方，加满水后，就去大雄宝殿念经祈祷了，熬药的事靠给两个小和尚。小和尚一个烧火，一个搅和，就在快要熬好的时候，只听得大柏树上噼里啪啦一阵爆响，就好像炸豆子一样，随着一阵

兴固寺熬药图

清香飘来，树上掉下一层柏壳，正好都落到了药锅里。

两个小和尚吓坏了，这么多柏壳落到锅里，拣出来肯定来不及了，不拣会不会影响药效，倒掉又实在可惜。他俩一商量，决定自己先尝尝，只要吃了不中毒就行。一个小和尚用小勺舀了一点，喝下去后除了草药的味道，还有一股清香，顿时觉得口咽生津、头脑清晰，他两个终于放心了。

老百姓喝了这次熬的草药，当天就觉得身轻体健，病就好了大半。老和尚怎么也想不通其中的道理，他把当天的药渣进行了认真的筛检，才发现里面有很多柏壳。经过再三追问，小和尚才说出了实情，老和尚不但没有责备，反而大喜过望。

在第二天熬药的时候，

玉泉寺茶柏

他从树上折了一些柏枝放进锅里一起熬制，老百姓喝了，病竟然奇迹般的好了。老和尚认为是佛祖显灵，点化自己找到了根治瘟疫的药方。于是老和尚折了很多柏枝，分发给老百姓，让他们回家泡茶预防瘟疫。还有的人得了感冒或是头疼脑热的，喝杯柏枝泡的茶水，也就不药而愈了。

就这样一传十、十传百，大家都知道兴固寺有棵神奇大柏树，柏枝、柏叶、柏壳都是宝，能治百病。直到民国末年，还有人用这柏树枝泡茶治病。

由于人们没有保护意识，这株救过无数人的千年茶柏，哪里经得起人们无休止的采伐，最后只剩下一株大树桩，在“文化大革命”时期，树桩也被村民伐掉了。人们再也找不到那株记载了千年故事的老柏树，茶柏治百病也只剩下了这段美丽的传说。

吃不完的大锅饭

兴固寺曾为十方禅林，僧人众多，信众广泛，设有戒坛和戒场，每逢开坛受戒或有重大活动，就有成百上千的善男信女云集兴固寺。这样一来，吃饭成了最大的问题，为了让大家都能吃上斋饭，寺里请人专门制作了一口大锅。

这锅有多大？据说一石二斗小米下锅，熬出的米粥依然是清汤寡水。这是个什么概念呢？古时候的一石等于120斤，一斗等于18斤，一石二斗就是156斤，可见这锅之大。

平乡县退休老干部李文科小时候曾在兴固寺上过高小。据他回忆说，兴固寺的这口大锅，直径至少有两三米，二十桶水倒进去，连锅的一半都不到，他上学时经常在这口大锅里洗澡，这口锅能同时容纳四五个十三四岁的孩子。关于兴固寺的大锅，其实最令人津津乐道的并不是它的大，而是它另外的一些神奇之处。

民国32年（1943年），由于受战、旱、蝗、涝、疫等天灾人祸的摧残，平乡的粮食颗粒无收，老百姓都以树叶和树皮为食，后来树叶和树皮也被采光。

兴国寺虽有300多亩僧田，但旱灾严重，也是所收无几。眼看着老百姓受苦挨饿，兴固寺的方丈也将最后的一点口粮拿出来赈济灾民。僧人们在山门前架起大锅，将剩余的小米、黄豆、玉米等各种杂粮全部倒入锅中熬粥。

兴固寺要施粥的消息一出，一传十、十传百，大家从四面八方都赶了过来。按平时计算，满满一锅粥足够一千人吃饭，但陆陆续续来的人，足有两千

兴固寺施粥图

多口。舀粥的小和尚心里直打鼓，舀粥的时候就不是十分满了。老方丈看到后，叮嘱小和尚不要担心，再有这么多人也能管饱。

就这样，这锅粥从早上一直舀到晚上，两千多人都领到了粥，但是这锅粥只下去了很少一截。第二天，又施了一天的粥，才下去一半，一锅粥、两千多人，一连喝了三四天才喝完。这件事一下子传开了，老百姓都说兴固寺的佛祖显灵了。

其实，兴固寺这口大锅做的饭吃不漏是常有的事，据说每次开坛受戒或者重大活动，都是用这口大锅做饭，每次都吃不完，但也不剩，就好像精心计算过一样。虽然这口大锅，在“大炼钢铁”的时候，被村民拿去炼了钢铁。但在当地留下一个风俗，红白喜事的时候，做大锅饭不让说“做了这么多吃的完吗”、“做了这么一点够吃吗”之类的话，只要不说，这锅饭就准够吃。

大佛藏过八路军

有点佛教常识的人都知道，到寺院拜佛烧香，一定要先去大雄宝殿参拜如来佛祖。因此，所有寺院的佛祖的造像都是最讲究的。不管是铜鎏金的、泥塑描金的、木雕贴金的，还是汉白玉石雕的，都能给人以神圣庄严的威仪之感。

据村里的老人回忆说，以前大雄宝殿供奉的佛祖造像，法相慈悲威严，造型栩栩如生，不管是什么凶神恶煞，哪怕是穷凶极恶的日本鬼子，一看到这尊佛像，也会心生敬畏，老老实实的磕头跪拜。大佛全身用藤条编制，外面用泥塑型，然后贴金而成，大佛高一丈二，后有暗孔，腹内中空，可容数人。

关于这尊佛像，冯马村还流传着一个有意思的故事。据说抗日战争时期，

兴固寺汉白玉大佛

兴固寺作为抗日根据地，开办过抗日干部培训班，由当时的平乡县委组织部长张一峰任校长，为了掩人耳目，当时除了学习规定的教材以外，学员们每人还准备了一本经书，一旦日本鬼子进村，大家就诵经念佛。

每当日本鬼子进村扫荡的时候，寺里的八路军都化装成和尚，有的劈柴做饭，有的打扫庭院，有的念经拜佛。庆幸的是，日本人大多对佛教心存敬畏，一般不在寺院中打砸抢烧，有时还会向和尚们请上一炷香，在佛像面前郑重其事的拜上一番。

1938年秋天的傍晚，大家刚吃完饭，准备开课，忽然听到村外几声枪响，大家赶紧换上僧衣伪装起来，但是还有四名伤员躺在禅房里养伤，万一被鬼子搜到，兴固寺这一据点就会暴露。

正在大家一筹莫展，焦急万分之际，一个小战士说，大雄宝殿的大佛是中空的，后面还有一个暗洞，可以将伤员藏到大佛肚子里。于是大家赶紧将四名伤员抬到大佛后面，但是根本看不到有洞，这时小战士掀开大佛莲花座的几块花瓣，原来里面很宽阔，可以容纳四五人，刚将伤员藏好，鬼子的枪声就到了寺院门口。

大家就像平时一样，木鱼声声、香

大佛藏八路军

烟袅袅、经声喃喃。一个带着小胡子，挥着军刀的将官走进大雄宝殿，双手合十，对“僧人”们叽里咕噜的说了一番，汉奸翻译说：“日本皇军是信奉佛教的，也知道出家人不打诳语，请问这寺里面有八路军吗？”张一峰校长有模有样的双手合十说道：“佛门是清净之地，不参与世事纷争、江湖恩怨，不管是八路军、国民党还是日本皇军统统不予接待。”

日本军官半信半疑的做了个“搜”的手势，其他人在寺院里搜索开来，一会儿工夫，将二殿、三殿、大悲殿、舍利殿、禅房搜了个底朝天，甚至还到塔林墓地和厕所进行了搜寻，不用说也是无功而返。

日本军官嘴里“哟西哟西”的叫个不停，对张校长伸出了大拇指，还要了

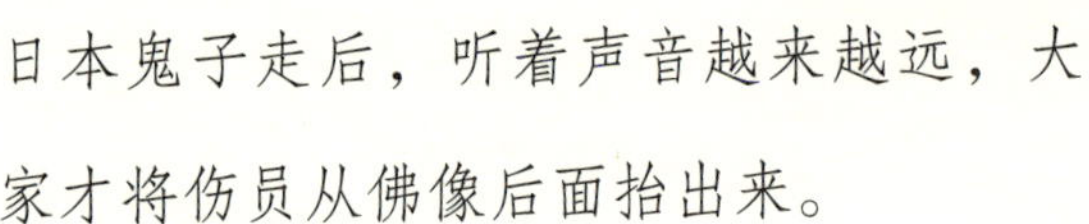
国家工艺美术大师卢进桥

几炷香，学着“僧人”们的样子双手合十跪倒磕头。这时大家的心都提到了嗓子眼儿，生怕里面的伤员弄出什么动静，引起鬼子的怀疑。日本鬼子走后，听着声音越来越远，大家才将伤员从佛像后面抬出来。

说也奇怪，本来需要静养一个月左右的伤员，从佛像肚里出来后，七八天便能下床走路了，十几天就基本康复了。有人开玩笑说：“你们进过佛祖的肚子，得到了佛祖的保佑，所以才恢复得这么快，看来以后有伤员，不管有没有鬼子，都要放进佛肚子里养伤了。”

为什么小战士知道佛像的秘密呢？原来这个小战士是这个寺里的小和尚，小的时候家里穷，为了混口饭吃，被家里人送到寺里出家，主要的工作就是打扫佛堂，小和尚干活很认真，在擦拭佛像的时候无意中发现了这个暗洞，小和尚还偷偷地进去过。后来日本鬼子侵略中国，寺里的和尚有的还俗回家，有的参了军，小和尚也就参军成了一名小战士。

“文化大革命”时期，兴固寺和大佛均遭到破坏。直到90年代改革开放以后，国家恢复了宗教活动，重修了大雄宝殿，重塑了大殿佛像，佛像为汉白玉石雕，由国家顶级石雕大师卢进桥老先生精心雕

卢进桥代表作坐兽观音

琢而成，是卢老先生的代表作之一。

从那以后，兴固寺大佛救伤员的事，慢慢地就演变成了一个传说，在街头巷尾的老人嘴里代代流传，而这座汉白玉大佛还将继续护佑着这一方水土，继续见证着发生在这千年古寺的美丽故事！

神奇的“铛儿铛儿”

兴固寺除了舍利子和大藏经以外，还有一件有灵性的宝贝，那就是流传了几百年的一件乐器——云锣，俗称“铛儿铛儿”，据说是用兴固寺的角铃打造而成。

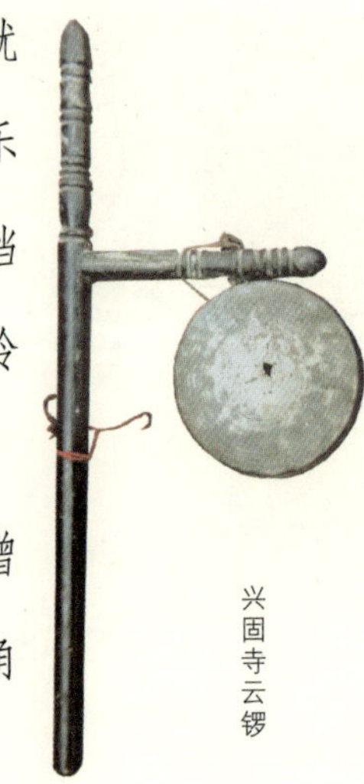
兴固寺云锣

兴固寺建寺的时候，高僧佛图澄用西域黄铜铸了四只角铃，悬挂于大殿的四个角上，

大殿角铃

每天在大殿诵经念佛，时间一长，这几枚角铃便有了灵性，传说它能“无风自鸣、响铃报事”。

有一天，佛图澄正在参禅打坐，忽然听见大殿的角铃叮当作响，仔细一看，当时并没有刮风，只有东南角的一只铃铛在响，其他的三只却纹丝不动。佛图澄掐指一算，便知道是本村李老员外的小儿子在漳河溺水，由于漳河在寺院的东南方向，所以东南的角铃便响了起来。于是佛图澄赶紧赶到河边施救，这小儿才算幸免于难。

还有一次石勒与刘曜大战前夕，到兴固寺拜访佛图澄，卜算吉凶。这时四只角铃叮叮当当响个不停，佛图澄告诉

兴固寺佛乐乐器

石勒："此战必胜，定能活捉刘曜，你听这寺里的角铃都在提前庆祝胜利呢。"果然，石勒出兵告捷，活捉了刘曜。由于佛图澄没有将这闻铃断事的本事传承下来，后人也就没有人能够听懂角铃的预言了。

年代久远以后，人们就认为，所谓的响铃报事只不过是个传说，佛图澄本来就是神僧，即使不靠听铃声也能预见未来，这样一来，这几枚角铃的神秘色彩一下就没有了。后来寺里演奏佛乐的一面云锣坏了，要重新铸一只，由于这几枚角铃声音清脆悦耳，就被拿来铸成了云锣。

宝贝就是宝贝，它的灵性并没有因为形状的改变而消失。一天，僧人们吃过晚饭，有的在院里练拳习武，有的在屋里诵经念佛。这时，这只云锣忽然自己响了起来，而且响声急促，好像要发生什么大事。小和尚不知是怎么回事，赶紧把老方丈请来，方丈到底见多识广，听说过这几只角铃的传说，便知道事出有因，既然锣这样响肯定是有什么事了，于是便召集僧众在院里集合。

刚刚集合完毕，大地就开始晃动起来，地震了。但由于大家及时出来，没有人伤亡。地震过后，除了几座大殿安然无恙外，其他几座建筑都有不同程度的损坏。这时，大家恍然大悟，原来是这只云锣救了大家。

后来，每逢寺院有重大节日，需要演奏佛乐时，这只云锣也会响个不停。于是这个云锣就被僧人当做宝贝，和舍利子、大藏经一并由专人守护，一代代传承下来。

随着历史变迁，今天这只云锣辗转到了本村村民窦宽彩手中，窦宽彩是爱好乐器之人，他将兴固寺的乐器乐谱进行了系统的整理，并申报了平乡县非物质

佛乐工尺谱

重新整理后的工尺谱

文化遗产。通过整理，演奏的乐谱也不再仅限于以前的佛乐，扩展到了民乐、流行音乐等。

而这个古时候流传下来的云锣，也因为长久的使用，中间出现了一个破洞，窦宽彩便将它仔细珍藏了起来，一般不为外人所见，凡遇需要演奏时，也只用新制的云锣，不再请出此宝物。

兴固寺高僧圆寂石塔

第四辑

信仰的延续

兴固寺这一千年古刹，坐落于现代化的新农村中，寺与村、僧与俗、新与旧，在这里相互碰撞、相互融合，传统文化与现代文化，更是在这些碰撞融合中得以发扬光大。

大雄寶殿

兴固寺大雄宝殿

晒经会：从不下雨的奇迹

每年农历六月初六这天，窦冯马村都会热闹非凡，大街小巷人山人海，各类商贩云集于此。街上商贩与顾客的讨价声、小贩的叫卖声混合交织，俨然就是一幅农村版的“清明上河图”。这就是窦冯马村远近闻名的“晒经大会”。

“晒经会”顾名思义，就是晾晒经书的大会。晒经会起于何时，已经无迹可考，据村里一位八十多岁的老教师回忆说，他们小的时候，就常听爷爷们讲兴固寺晒经的故事。

古时候，兴固寺规模非常大，寺里僧人众多，是远近闻名的十方禅林。寺里藏有万卷经书，天长日久，经书受潮发霉，需晾晒。寺里有一位得道的高僧，通晓天文地理、阴阳历法，经过仔细的推算，将农历的六月初六定为晒经日。

以后每年都会在农历六月六这天，

兴固寺晒经会

晒经会当地人也叫冯马会

将经书请出，放在院子里晾晒，同时还会举行盛大的诵经祈福法会。一开始，只是本村的善男信女过来，帮助寺院打扫院落，搬运经卷。后来一传十、十传百，越传越远，知道的人越来越多，渐渐形成了庙会。

自从形成庙会几百年来，六月六这天从没有下过雨。而六月六晒经日在平乡周围一带也渐渐形成了一种民俗，每年的这一天，家家户户都会将自家的衣服、被褥拿出来晾晒。

这种风俗不知何时传到了京城，从清朝开始，皇宫也将六月六定为了“洗晒日”。皇帝会将藏书、龙袍、衣服鞋

晒经会上的人们

帽等等，统统搬出晾晒，防止发霉返潮。在平乡民间还有“六月六，好返潮，人晒衣裳龙晒袍”的说法。

其实，农历的六月六这天，恰逢盛夏，时值暑期，气温常在40度左右，天气潮湿闷热，衣服、书籍若不及时晾晒，极易发霉，所以在这时晾晒经书，是有科学依据的。但是，兴固寺的晒经会几百年来，从未遇过阴雨天气，不得不让人称奇。

浴佛节：佛祖的生日

兴固寺一年有三个重大节日，第一个就是浴佛节，又称佛诞日、佛诞节等，为每年的农历四月初八，是佛祖释迦牟尼诞辰。

关于浴佛节的来历，佛经和史书都记载了一个这样的故事。在3000多年前的古印度（现尼泊尔），有一个富庶的迦毗罗卫国，国王称为净饭王。净饭王有两位妻子，一曰摩耶夫人，次曰摩诃波波提。净饭王仁慈和善，善理国政，只可惜多年没有子嗣。

释迦牟尼太子佛

有一天，摩耶夫人梦见有一匹六牙白象进入她的身

兴固寺浴佛仪式

体，随后就有了身孕。当时的印度有一习俗，女子在生产之前要回到娘家去。摩耶夫人也在此时动身回家。当她走到蓝毗尼园娑罗树下时，心中异常欢快。这时，摩耶夫人突觉腹痛，随后太子降生。

小太子生下来就会走路，双脚各踩一朵莲花，一手指天，一手指地，说：“天上地下，惟我独尊。” 这个太子就是释迦牟尼，这一天适逢中国农历四月初八，即为佛诞日。

是日，各地佛教信徒均云集庙内，参加浴佛。在佛殿上，供奉着太子佛像，四众弟子顺序用小铜勺盛满香汤浴灌太子佛。在此前后还举行相关的法会，称为“浴佛节”。

浴佛治病皈依佛门

从清乾隆十五年，舍利子入寺的那天开始，兴固寺每年都会在农历四月初八这天，除了举行盛大的浴佛仪式外，还会将舍利子请出来，为信众灌顶加持。据说佛骨舍利中含有佛祖的无上佛法，特别灵验，接受灌顶后，

善男信女参加浴佛仪式

不但能够增进人的修为，让修行者早日得道，还能消无妄之灾。所以每年四月初八这天，附近的善男信女都会云集兴固寺，祈求得到佛祖的保佑。

民国七年的浴佛节，与往年稍显不同，浴佛仪式完毕后，还要专门为一名居士，举行受戒皈依仪式。以往都是凑够一批以后，选定良辰吉日，集中为这一批信众受戒皈依，单独为一人举行仪式的，在兴固寺实属首例，到底是怎么回事呢？这还得从两年前说起。

民国五年（1916年），也是在浴佛节上，有一个50多岁，穿着俗家人衣服的中年男人，脸色蜡黄、身形消瘦，走起路来有气无力，一看就是个病人。此人是冀州人，姓李，名会辰，大家都称呼他老李。

有一段时间，老李觉得自己吃不下、睡不好、浑身无力，找医生一看，医生告诉他得的是“岩病”（古代中医术语，就是现在的癌症）。老李全家一时陷入绝望的境地。到处求医问药，病情不但没有好转，反而更加厉害，

求人不行就求神，这是大部分人在没有办法的情况下，不得已采取的一种慰藉心灵的方式。老李本来不信神佛，但为了治病，便在家人的陪同下，也不管是佛家还是道家，进庙烧香，遇寺拜佛。

有一次在拜佛的时候，寺里高僧告诉他，如果能在四月初八这天，得到佛祖的加持，就能医治不治之症，消除无妄之灾。老李四处打听，后来听说平乡兴固寺里有佛骨舍利，特别灵验，于是老李来到了兴固寺。

四月初八这天，寺院正在举行盛大的浴佛仪式，老李便和其他居士一起参加浴佛。浴佛完毕，住持真法大师请出舍利子，在舍利殿的地宫里，为参加浴佛的居士灌顶加持。

该到老李的时候，老李说："我是从冀州过来的一名癌症患者，希望通过佛祖的加持，能够早日康复。"灌顶结束后，真法告诉他，只要乐观开朗豁达，坚持治疗，该好的病自然就好了，不该好的病，说明寿限到了，自己尽了力，也就没有什么遗憾，万事要随缘。

也不知是舍利子的缘故，还是真法大师的话起了作用，老李觉得自己的心情一下子好了许多，有一种解脱之感。真法又教给他一些打坐持咒的方法，老李在兴固寺住了两天就回去了。

第二年浴佛节，老李又来了，这一次气色明显好了许多，老李一见到真法大师，就倒地叩拜。原来，老李回去后，按照真法教给他的方法，参禅打坐、持咒诵经。慢慢地老李觉得浑身舒服了，能吃了，也能睡了，精神气色都有好转，再找那位医生一看，结果是“脉象平稳、气色红润、中气十足、完全康复”，医生都觉得不可思议。

兴固寺灌顶仪式

兴固寺盛放舍利子的水晶舍利塔

第三年，老李提前三天就过来，除了再度接受舍利子灌顶加持，还有一个重大心愿，那就是皈依佛门。真法大师认为，老李在“鬼门关”上转了一圈，不但没有死，反而结缘了佛法，这是与佛门有缘。于是在浴佛仪式一结束，就为老李一个人进行了受戒皈依，老李也正式成为了真法大师的俗家弟子。

附：浴佛节仪轨：

第一，恭迎佛像。佛诞之日，僧众搭衣持具上殿，按东西序位次分班而立。闻磬声向上顶礼三拜后，六人出班恭迎佛像。二引礼执引磬，二执事托香盘，主法僧居后，侍者随行，同声唱念“南无本师释迦牟尼佛”。佛像从经楼上迎到大殿中，主法僧上香、展具、顶礼三拜，大众一起唱赞：“稽首皈依大觉尊，无上能仁，观见众生受苦辛。下兜率天宫，皇宫降迹，雪岭修因。鹊巢顶，三层垒，六年苦行。若人皈依大觉尊，不堕沉沦。”

第二，安座沐浴。大殿钟鼓齐鸣，主法僧将佛像安座金盆中，然后上香、展具、向佛顶礼三拜或九拜。大众同念《沐浴真言》，三称“南无香云盖菩萨”，然后唱赞：“菩萨下云中，降生净饭王宫。摩耶右胁娩金童，天乐奏长空。目顾四方周七步，指天指地尊雄。九龙吐水沐慈容，万法得正中。”

第三，祝圣绕佛。主法僧闻磬声顶礼三拜，恭说颂词。大众同唱《佛宝赞》，接唱《赞佛偈》：“佛宝赞无穷，功成无量劫中。巍巍丈六紫金容，觉道雪山峰。眉际玉毫光灿烂，照开六道昏蒙。龙华三会愿相逢，演说法真宗。”再唱：“天上天下无如佛，十方世界亦无比。世间所有我尽见，一切无有如佛者。”唱毕开始绕佛，边绕佛，边称念：“南无娑婆世界三界导师、四生慈父、人天教主、三类化身本师释迦牟尼佛！”“南无本师释迦牟尼佛。”

第四，回向皈依。绕佛后归本位，先念《回向文》：“愿消三障诸烦恼，愿得智慧真明了；普愿罪障悉消除，世世常行菩萨道。”然后唱《三皈依》：“自皈依佛，当愿众生，体解大道，发无上心。自皈依法，当愿众生，深入经藏，智慧如海。自皈依僧，当愿众生，统理大众，一切无碍。”浴佛法会功德圆满，引磬声起，大众齐唱：“浴佛功德殊胜行，无边胜福皆回向……”

盂兰盆节：七月十五，感恩父母

每到农历七月十五这天，冯马村及周边一些善男信女都会到兴固寺参加盂兰盆节。大家都用盆端着各种供品，摆上父母的牌位，在世的摆红牌，去世的放白牌。请高僧诵经，为在世的父母祈祷增寿祝福，为去世的父母祈求离苦得乐。这就是佛教盂兰盆节，也称“佛欢喜日”，即诸佛菩萨为弟子道业有成感到欣慰和欢喜。

兴固寺盂兰盆节上的人们

佛前摆满盂兰盆供品

盂兰盆，“盂兰”在梵文中是倒悬的意思，倒悬形容苦厄之状，盆是指盛供品的器皿。佛教认为供此具可解救已逝去父母、亡亲的倒悬之苦。盂兰盆即“解倒悬”之意。在中国最初举行盂兰盆会的是梁武帝，大同四年（公元538年），他在南京同泰寺举办“盂兰盆斋”，此后该仪式在民间普遍流传。关于盂兰盆节的来历，主要是源自佛经中《目连救母》的故事。

目连是释迦牟尼的十大弟子之一，他的母亲青提夫人，家中甚富，然而吝啬贪婪，儿子却极有佛心且孝顺。其母趁儿子外出时，天天宰杀牲畜，大肆烹嚼，无念子心，更从不修善。母死

目连救母

后被打入阴曹地府，受尽苦刑的惩处。

目连通过修行得到六通（六种智慧）后，想报答父母的养育之恩，即用道眼视察，看到已逝去的母亲在饿鬼道中受苦，瘦得皮包骨头不成人形。目连十分伤心，于是用钵盛饭，想送给母亲吃，但是饭刚送到他母亲手中，尚未入口即化为灰烬。

目连无奈，哭着请求佛祖帮助救救他的母亲。佛祖说："你母亲罪孽深重，你一人是救不了的，要靠十方僧众的道力才行，你要在七月十五日众僧修行圆满的日子里，敬设盛大的盂兰盆供，以百味饮食供养十方众僧，依靠他们的感神道力，才能救出你的母亲。”

目连按照佛祖的指点去做，他的母亲真的脱离了饿鬼道。佛祖还说：“今后凡佛弟子行慈孝时，都可于七月十五日即佛喜欢日，备办百味饮食，广设盂兰盆供，供养众僧，这样做既可为在生父母添福添寿，又可让已逝的父母离开苦海，得到快乐，以报答父母的养育之恩。”目连母亲得以吃饱转入人世，生变为狗。目连又诵了七天七夜的经，使他母亲脱离狗身，进入天堂。

其实在中国，农历七月十五还是道教的中元节、鬼节、孝节等，各地也会根据当地的民风民俗开展各种各样祭祀活动。这样一种风俗能从一千多年前流传到现在，关键在于它是劝人向善，劝子行孝，更有“天下无不是者父母”的含义。

附：蒙山施食的由来

七月十五的盂兰盆节中，还有一项重要的佛事活动，那就是“蒙山施食”。施食是佛教以特定的仪轨，所进行的给饿鬼道或地狱道众生施舍饮食，免除痛苦的法事。蒙山施食最早始于佛陀时代。

昔时阿难尊者在树林中参禅打坐，夜半三更见面然饿鬼满身火燃，苦巨难堪。面然告诉阿难：三日后你将命终堕入我类，但也有挽救办法，你若能以饮食施予六道群灵，并为我们供养三宝，即可增长福德、延长寿命。

第二天清晨，阿难尊者便将此事告诉了佛陀，于是佛陀便为其诵陀罗尼咒、说施食法。同时，佛陀教阿难诵变食真言，令饮食变少成多，从七化七，乃至无量。还教阿难念诵甘露咒，水变甘露。令恒河沙数群灵接受饮食皆得六根清净，即脱众苦、超生善道。由是阿难延寿至一百二十岁。这是佛陀在世时施食的开始。

大目犍连始得六通，欲度父母，报乳哺之恩。即以道眼观视世间，见其亡母生饿鬼中，不见饮食，皮骨连立。

——《佛说盂兰盆经》

佛教传入中国，到梁武帝时，他夜梦高僧，劝他建水陆大斋，普济六道众生。梁武帝后来依志公和尚意见，积览佛经，编成仪轨，以二咒为主，会集显密文典，建坛超拔，这是中土施食的开始。

唐代金刚智和不空两位密教僧人，亦以二咒为本，参增显密诸文，集焰口仪轨，流传至今，弘扬最广，这就是今天的焰口施食。

到了宋代，不动法师（或称甘露法师）住锡四川省蒙山。蒙山，在四川雅州名山县西五十里，此地有五峰，前一峰最高，叫做上清峰，此峰产甘露，宋朝的不动法师就在这里修道，因此把他叫做甘露法师。不动法师集《救拔焰口饿鬼经》及秘密部的一种水施食法，并以二咒为主，集诸密部成文，称《蒙山施食仪》，让后学与幽冥众生普结无生之缘。

是佛弟子修孝顺者，应念念中常忆父母，乃至七世父母。年年七月十五日，常以孝慈，忆所生父母，为作盂兰盆，施佛及僧，以报父母长养慈爱之恩。

——《佛说盂兰盆经》

现代寺院中所举行的施放蒙山的方式有两种，即大蒙山和小蒙山。法师依据仪轨举行法事，称为放大蒙山。寺院道场每天晚课时，亦以《蒙山施食仪》为日诵常规，施食普济幽魂，称为放小蒙山，蒙山由此便成为汉传佛教寺院晚课的一项重要内容。

【兴固寺历史事件编年】

兴固寺历史事件编年

1.兴固寺始建于东汉年间，后赵初期（319—332年）在北方影响最大的印度高僧佛图澄经西域来华，受到后赵皇帝石勒的信赖和恩宠，在今邢台的襄国一带广置寺院，弘法传道，并携大量金银造寺，兴固寺由常年居住襄国的印度高僧佛图澄在原寺基础上加以扩建完善。

2.北宋时期，兴固寺为汴京安国寺上寺，安国寺作为下寺直接受兴固寺的总领，兴固寺享有开坛受戒之权。当时寺内僧人众多，香火鼎盛。至南宋末年，由于连年战火不断，兴固寺几经战乱，面目全非。

3.元至元元年（1264年），邢州大治，兴固寺也得以重新大规模重修，据地方文献记载，沿兴固寺轴线建有九龙壁迎北、山门、三殿、二殿、大雄宝殿，西侧建有大悲殿，轴线两侧建有钟鼓楼、东西厢房、东西方丈室、戒堂、斋堂、客房等，寺院西侧建有历代高僧圆寂的石塔林。

4.明朝时期，兴固寺重修增建，使该寺占地面积达到108亩，有僧田330亩。据嘉靖十五年兴固寺重修碑记载："金碧辉煌，见者改观，宫殿巍峨，眺远望也，佛像森列，动人钦也"。

5.清乾隆十五年（1750年），又在大雄宝殿东侧增建金刚舍利殿。据清乾隆十六年《平乡县志》记载：僧祥光自山西奉圣寺迎舍利数颗藏之。当时，兴固寺无论是规模建设还是僧众都达到鼎盛时期，据清代重修碑记载："然兴固寺乃畿南一大丛林"与"天竺白马"齐名。

6.民国6年（1917年），对兴固寺三殿再次修整。

7.1937年，日军侵华后，兴固寺成为抗日学校。

8.1945年，平乡县全境解放后，兴固寺的房屋作为公产先后被改作供销社、乡政府、粮站、学校。“文化大革命”时期，一些极具艺术价值的建筑、碑刻、饰物遭到严重破坏。

9.1978年，中共十一届三中全会以后，根据党的宗教政策，兴固寺开始恢复小型的活动。

10.1984年，兴固寺被平乡县人民政府公布为平乡县重点文物保护单位。

11.1992年，经平乡县人民政府批准，开放兴固寺佛教活动场所，把修缮恢复兴固寺列为旅游开发重点项目。冯马乡政府、粮站、卫生院、供销社和冯马乡中学等单位陆续从兴固寺迁出，同时雕刻汉白玉佛像数尊。

12.1998年，印宏法师受邢台市佛协委派，来兴固寺主持佛事。

13.2004年，大雄宝殿、三殿相继举行开光庆典大会。中国佛协副会长、河北省佛协会长净慧法师、普彤寺首座弘川法师等高僧大德，与来自全国各地的佛教徒4000多人齐集本寺，传道宏法。

14.2006年，窦冯马被评为河北省历史文化名村。兴固寺已成为冀南大地重要的佛事活动场所。前来观瞻的善男信女络绎不绝。

15.2007年，建文殊讲堂。

16.2012年，兴固寺重建山门。

17.2013年，兴固寺重建大悲殿，重塑大慈大悲观世音菩萨雕像。

18.2014年，正式启动兴固寺文化挖掘工作。

[后 记]

后 记

兴固寺建寺1700多年来，留下了数不清的美丽故事，我们想给大家呈现一个真实的古寺，但一本书写完，回过头来再看，才发现这本书相对于一座千年古寺来说，真是冰山一角，沧海一粟。由于方方面面的限制，目前的东西太少，谨借此书，抛砖引玉，吸引更多有识之士参与其中，一起寻找历史上在这里发生的那一段段精彩故事。

文中记录了一些在当地老百姓中流传的民间故事，我们整理后原汁原味的呈现出来，目的是为了响应国家文化发展政策，挖掘平乡传统历史文化，让更多的人认识平乡、了解平乡，不妥之处，望大家海涵指正。